meditaciones para el **alma**
Deepak Chopra

edaf

© 2005. Deepak Chopra
© 2005. Javier Calamaro
© 2005. Matías Yñurrigarro
© 2005. De esta edición, Editorial EDAF, S. L. U.

Editorial EDAF, S. L. U.
Jorge Juan, 68. 28009 Madrid
http://www.edaf.net
edaf@edaf.net

Ediciones Algaba, S.A. de C.V.
Calle 21, Poniente 3323, Colonia Belisario Domínguez
Puebla 72180, México
edafmexicoclien@yahoo.com.mx

Edaf del Plata, S. A.
Chile, 2222
1227 - Buenos Aires, Argentina
edafdelplata@edaf.net

Edaf Antillas, Inc
Local 30, A-2
Zona portuaria Puerto Nuevo
San Juan, PR-00920
edafantillas@edaf.net

Edaf Chile, S.A.
Coyancura, 2270, oficina 914, Providencia
Santiago - Chile
edafchile@edaf.net

Marzo 2015

Depósito legal: M-23.095-2014
ISBN: 978-84-414-3457-8

PRINTED IN SPAIN   IMPRESO EN ESPAÑA

Impreso por Cofas, S. A.

Koan para mi padre

«Quiero dedicar este proyecto
a todos los seres luminosos
compañeros de mi padre, quienes
continúan derramando amor
y buenaventura a nuestro universo»

Matías Yñurrigarro
Productor

Deepak Chopra

Deepak Chopra nació en Nueva Delhi. Estudió Medicina en la India y se especializó en Endocrinología y Medicina interna en Estados Unidos. Impartió clases en Tufts University y otras prestigiosas universidades. En 1996 fundó el Chopra Center for Well Being en Carlsbad, California. Es un cotizado conferenciante y autor de más de 50 libros, alcanzando muchos de ellos las listas de los más vendidos. Sus obras han vendido millones de copias en todo el mundo y están traducidas a distintos idiomas.

Centro Chopra para el bienestar:

El Chopra Center «La Costa Resort» and Spa en Carlsbad, California, ofrece panchakarma (tratamientos de
desintoxicación ayurvédica), exámenes médicos, tanto
occidentales como ayurvédicos, entrenamiento en yoga
y meditación, comidas especiales (con instrucciones
para su preparación en una cocina adaptada a la ense-
ñanza) y conferencias. El equipo del centro ha creado
un ambiente que encarna la esencia de la curación, un
lugar para explorar el océano de la inteligencia que
yace muy dentro del Ser. Como dijo Deepak Chopra:
«Después de haber escrito y hablado durante muchos
años sobre la salud y el espíritu humano, considero que
el centro es el núcleo de la labor de toda una vida dedi-
cada a alimentar el cuerpo, la mente y el alma».

Si yo no soy para mí, ¿quién será para mí?
Si yo no me ayudo, ¿quién me ayudará?
Y si no es ahora, ¿cuándo?

Midrash

Practica el no-hacer.
Esfuérzate por el no-esfuerzo.
Saborea lo que no tiene sabor.
Ensalza lo humilde.
Multiplica lo poco.

Tao Te King

La verdadera alegría y felicidad perfectas
solo pueden encontrarse en la no-acción.

Chuang Tse

Tómate un tiempo para ti, para encontrarte,
para conocerte, para gustarte.
Relájate. Descubre tu ritmo. Déjate guiar por
la voz de Deepak Chopra a través de un
camino hacia tu interior. Y disfruta de estas
meditaciones para el alma.

Bienve

a la p

la sere

a medi

meditar con
los ojos **abiertos**

Abarcando

meditación 1
Abarcando el universo

el universo

D e e p a k   C h o p r a

Abarcando el universo

Una meditación a ritmo de milonga sureña

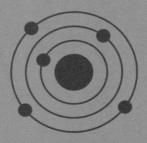

La milonga sureña es un estilo nacido en las llanuras argentinas, en tierra de gauchos, a mediados del siglo XIX. Desde la Pampa nos llega este ritmo que constituye prácticamente la única herencia musical de la cultura gaucha. Siente su fuerza.

Cierra tus ojos y toma una inspiración lenta y profunda. Al exhalar, ten la intención de liberar todas las tensiones que puedas tener en el cuerpo. Ahora hazte consciente del ritmo natural de tu respiración utilizando cada exhalación para relajarte más y más profundamente. Ahora vamos a expandir nuestro sentido del ser. Durante las próximas inhalaciones, permite a tu conciencia llenar el espacio de la nave en la que estás viajando. Visualiza que ya no estás más en la nave, sino que ahora la nave está en ti. Ahora expande tu conciencia un poco más allá. Deja que tu conciencia llene toda la Tierra.

Tu conciencia abarca todo el planeta en su totalidad, con sus océanos y continentes, sus montañas y desiertos, sus bosques y su vida silvestre. No eres más de la Tierra; la Tierra es de ti. Ahora expande tu conciencia aún más lejos para abarcar todo el sistema solar. Imagina el Sol, planetas, lunas, cometas y los inmensos espacios interplanetarios contenidos dentro de tu conciencia.

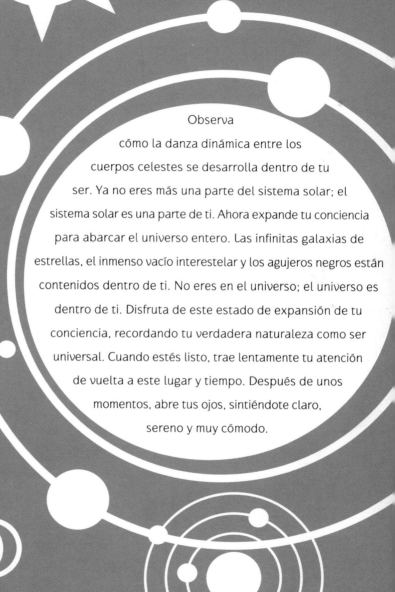

Observa

cómo la danza dinámica entre los

cuerpos celestes se desarrolla dentro de tu

ser. Ya no eres más una parte del sistema solar; el

sistema solar es una parte de ti. Ahora expande tu conciencia

para abarcar el universo entero. Las infinitas galaxias de

estrellas, el inmenso vacío interestelar y los agujeros negros están

contenidos dentro de ti. No eres en el universo; el universo es

dentro de ti. Disfruta de este estado de expansión de tu

conciencia, recordando tu verdadera naturaleza como ser

universal. Cuando estés listo, trae lentamente tu atención

de vuelta a este lugar y tiempo. Después de unos

momentos, abre tus ojos, sintiéndote claro,

sereno y muy cómodo.

2

Tango de

voz y textos:

meditación 2
Tango del corazón

Deepak Chopra

Una meditación a ritmo de tango

¿*Q*uién no conoce el apasionante tango? Un género fundamental nacido a finales del siglo XIX en la ciudad de Buenos Aires y sus suburbios que no solo se extendió por las cuencas del Río de la Plata. Con el paso del tiempo logró una preciosa combinación de riqueza armónica, melódica y tímbrica que lo llevó a seducir al mundo entero.

Cierra tus ojos y toma una inspiración lenta y profunda.
Exhala lentamente liberando cualquier tensión que puedas tener en tu cuerpo. Trae tu atención al área del corazón. Por un momento, simplemente sé uno con las sensaciones que llevas en

tu corazón.

Reconoce todo aquello en tu vida por lo que sientes gratitud.
Con la atención en tu pecho, fíjate si puedes percibir el palpitar de tus latidos, puede ser una vibración muy sutil.
Ahora tienes la intención de que el ritmo de los latidos disminuya... disminuya... disminuya...
Ahora lleva la atención a tus manos y sé consciente del latido de tu corazón en tus manos. Ten la intención de aumentar el flujo sanguíneo y la calidez en tus manos.
Ahora lleva tu atención al área de tu cuerpo que tú crees que necesite sanar y siente tu corazón latir en esa zona.
Si no tienes ningún lugar en tu cuerpo que necesite atención, simplemente lleva tu conciencia al latir de tu corazón.
Disfruta de este estado de relajación de cuerpo y mente.
Cuando estés listo, trae tu atención de vuelta a este tiempo y espacio, mientras continúas sintiéndote muy cómodo y completamente relajado.

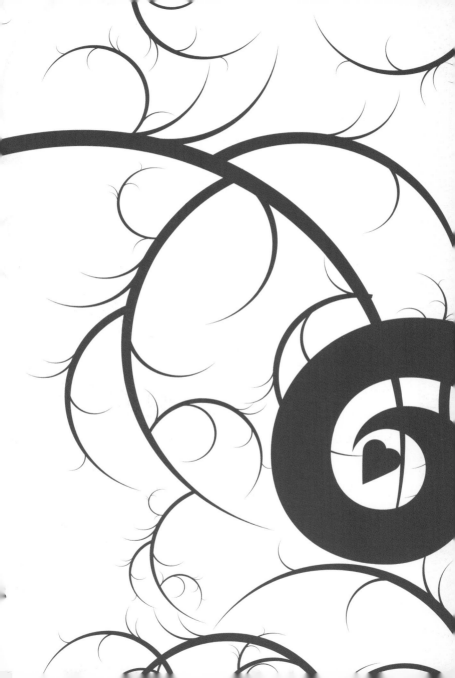

Conectarse co
voz y textos :

meditación 3

Conectarse con el universo

Una meditación
a ritmo de yaraví

*E*l yaraví es un ritmo antiquísimo originario de la cultura quechua, que desde los Andes peruanos se extendió hasta abarcar una extensa región al norte y centro de Sudamérica. Una de sus particularidades es que fue el primer ritmo que utilizó la quena. Otra, que en las diferentes culturas indígenas siempre se lo relacionó con el concepto de «amor místico».

Siéntate cómodamente con tus ojos cerrados

Inhala por tu nariz suave y lentamente, imaginando que estás trayendo el aire desde un punto lejano frente a ti.

Con cada respiración, imagina que el punto desde el cual estás trayendo el aliento se extiende cada vez más y más lejos, hasta que veas el aire viniendo suavemente a ti. Siéntelo refrescando y aliviando todo tu cuerpo.

Ahora, con cada salida de tu aliento, exhala lenta y fácilmente, enviando cada átomo de regreso a su fuente, infinitamente lejos.

Visualiza un delicado hilo que se estira desde ti hasta los confines más alejados del cosmos.

Puede servirte visualizar una estrella distante que está enviándote luz a través del universo.

Con cada aliento, inhala el hilo de luz y déjale llenar tu ser.

Exhala la luz, permitiéndole regresar a su origen lejano.

Disfruta de la sensación de profunda relajación y renovación que proviene del despertar la memoria de tu conexión con el cosmos.

Cuando estés listo, tráete de regreso a tu lugar, trayendo contigo la conciencia de tu ser expandido.

4

Juegos en
voz y textos:

meditación 4

Juegos en el parque

Deepak Chopra

meditación 4
Juegos en el parque

*Una meditación
a ritmo de ranchera*

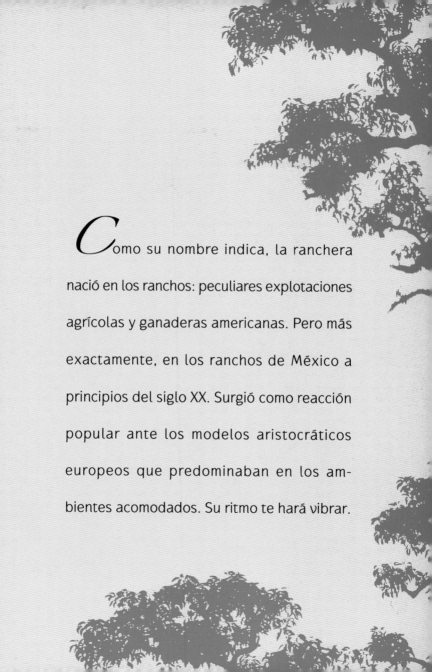

*C*omo su nombre indica, la ranchera nació en los ranchos: peculiares explotaciones agrícolas y ganaderas americanas. Pero más exactamente, en los ranchos de México a principios del siglo XX. Surgió como reacción popular ante los modelos aristocráticos europeos que predominaban en los ambientes acomodados. Su ritmo te hará vibrar.

Toma una inspiración profunda y recuerda un momento en la infancia, cuando eras llevado a los juegos en el parque por tus padres o algún tutor.

Tan pronto veías el tobogán y las hamacas tu entusiasmo aumentaba dentro de ti y casi no podías esperar para empezar a jugar.

Corres a los columpios, donde eres elevado para así tener un asiento firme. Pides un empujón y en un momento ya te estás elevando por encima de la arena, deleitándote con las sensaciones de liviandad y liberación.

Con cada suave envión, te hamacas **cada vez más alto, elevándote sobre los niños que juegan en el arenero.**

Estás completamente absorbido en este momento de jugueteo. Cuando hayas tenido suficiente con el columpio, corres al tobogán.

Imagínate subiendo a la cima del tobogán. Te acomodas cuidadosamente en posición de sentado. Te lanzas y sientes la excitación de deslizarte a los brazos abiertos de tu madre, o padre o tutor al final del tobogán. Disfruta de esta sensación de libertad y entusiasmo por la vida.

Deléitate recordando esta sensación con la conciencia del momento presente.

Cuando estés listo, trae tu atención de vuelta a este espacio y tiempo.

voz y textos:

meditación 5
Brotar

*Una meditación
a ritmo de vidala*

*L*a vidala es un estilo musical milenario perteneciente a sistemas tonales preincaicos e incaicos. Desciende del varahué, estilo propio de la comunidad coya que posteriormente se asentaría en el norte de Argentina, más precisamente, en dos de sus provincias: Catamarca y Tucumán. Desde allí nos llegan los sonidos que acompañan esta meditación.

*C*ierra tus ojos, toma una
inspiración profunda y libérala
lentamente, permitiéndole a la
tensión fluir fuera de ti.

Con cada inspiración, imagina
una fuerza de vida que nutre
e inspira llenando tu cuerpo.
Y con cada exhalación, continúa
liberando cualquier tensión,
temor o molestia. Cómodo y en
paz, abierto a una transformación
de afirmación de tu vida.

Ahora imagina que eres llevado a
una playa. Escuchas el sonido de
gaviotas. Siente el apoyo de la Madre
Tierra, sosteniéndote con su dulce fuerza.

Imagina que una energía
firme y profunda fluye
desde el corazón de la
Tierra, llenando tu cuerpo.
Siente estar conectado a
la vitalidad de la Tierra.
Ahora permite que tu
atención vaya al Sol, fuente
de toda energía de vida.
Siente cómo tu conexión con
el Sol te nutre y anima.
Disfruta de la danza de la
Madre Tierra y el Padre Sol
mientras se regocijan en tu Ser.
Cuando te sientas listo, trae tu
atención a este espacio y tiempo y
lentamente abre tus ojos.

6

Conciencia

voz y textos:

Conciencia gitana

gitana

Deepak Chopra

*Una meditación
a ritmo de flamenco*

*E*l flamenco es nada más y nada menos
que la suma de las diferentes culturas musicales
de los pueblos que pasaron por Andalucía.
Un ritmo desgarrado que, transmitido de
generación en generación, llega hasta nuestros
días impregnado de huellas de la música judía,
árabe, castellana y gitana. Déjate embrujar y...

¡Olé!

Cierra tus ojos y simplemente escucha

Cierra tus ojos y simplemente escucha mis palabras, sin juzgar o analizar. Las imágenes y los sonidos flotan en mi ambiente. Los pensamientos fluyen en mi mente. Los sentimientos y sensaciones flotan en mi cuerpo. Solo la conciencia siempre presente es la que permanece. Esta conciencia que observa, soy yo. Simplemente sé consciente de lo que está sucediendo y reposa en la conciencia de lo que es. Permite el ir y venir de todas las cosas, sin apegos, sin forzar, sin rechazar, solo permitiendo. Pasado y futuro están en la imaginación. Los sucesos flotan. El tiempo flota. Yo soy siempre ahora, atemporal y eterno. Cuando estés listo, abre lentamente tus ojos, descansado y relajado.

7

Conciencia de
voz y textos:

meditación 7
Conciencia de la respiración

la respiración

Deepak Chopra

*Una meditación
a ritmo de
aire de carnaval*

*E*ste ritmo surgió, en época prehispánica, en los dominios del Imperio inca. En su versión tradicional es una antiquísima danza colectiva que, con figuras primitivas, se bailó en América desde mucho antes del descubrimiento. Dueño de una vitalidad extraordinaria, ha perdurado a través de los siglos y aún hoy se canta y baila en la región noroccidental de Argentina y en Bolivia. Descubre la energía del «carnavalito».

Cierra tus ojos y toma una respiración

lenta y profunda.

Ahora exhala completamente,

liberando la tensión de tu cuerpo.

Con cada respiración deja que tus músculos se relajen. Lleva tu atención a tu cuello y hombros y relájalos en tu próxima exhalación. Siente la tensión saliendo de los antebrazos, muñecas, dedos. Libera la tensión de tus caderas, muslos, pantorrillas. Ahora afloja los músculos de tu espalda hasta la cintura. Disfruta de este estado de bienestar y relajación profunda. Ahora simplemente hazte consciente de tu respiración. Observa la entrada y salida de tu aliento, sin intentar modificarlo. Puedes notar que tu respiración cambia. Puede hacerse más profunda o menos profunda. Puedes notar que tu respiración cambia. Puedes notar que tu atención se escapa hacia un pensamiento en tu mente, una sensación en tu cuerpo. Y eso está bien. Cuando notes que tu atención se escapa, llévala a tu respiración sin esfuerzo. Cuando estés listo, abre lentamente tus ojos, descansado y relajado.

8

Más allá de la má

voz y textos

meditación 8
Más allá de la máscara
de la materia

ara de la materia

Deepak Chopra

meditación 8
Más allá de la máscara de la materia

*Otra meditación
a ritmo de tango*

¿*Q*uién no conoce el apasionante tango? Un género fundamental nacido a finales del siglo XIX en la ciudad de Buenos Aires y sus suburbios que no solo se extendió por las cuencas del Río de la Plata. Con el paso del tiempo logró una preciosa combinación de riqueza armónica, melódica y tímbrica que lo llevó a seducir al mundo entero.

Cierra tus ojos; toma una inspiración profunda y libérala lentamente. Ahora imagina que estás mirando tu cuerpo desde arriba. Fíjate cómo tus músculos se van relajando progresivamente y observa tu respiración suave y rítmica. Ahora imagina que estás viendo tu cuerpo a través de un poderoso microscopio cuyos lentes pueden penetrar el más fino tejido de materia. En la potencia más baja ya no ves carne blanda, sino conjuntos de células individuales unidos por tejido conectivo. Cada célula es una bolsa acuosa en una larga cadena de moléculas unidas por vínculos invisibles. Al acercarse, ves átomos de hidrógeno, carbono y oxígeno que no tienen solidez alguna. Ellos son simplemente probabilidades de energía en vibración. Has llegado al límite entre materia y energía. Te das cuenta de que todas las cosas son solo condensadores de energía, vestigios de luz emergiendo de un vasto plano.

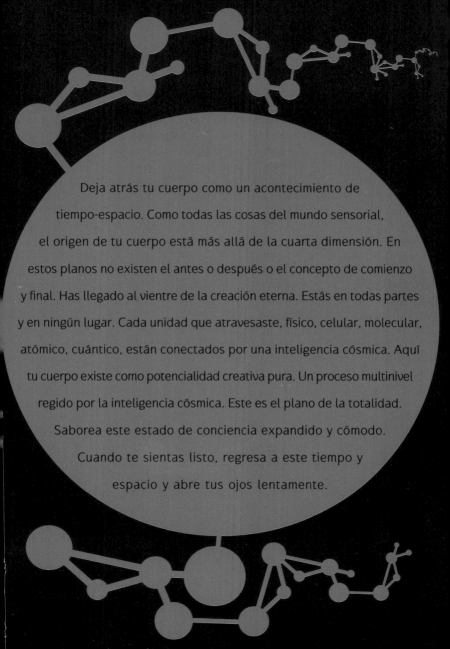

Deja atrás tu cuerpo como un acontecimiento de
tiempo-espacio. Como todas las cosas del mundo sensorial,
el origen de tu cuerpo está más allá de la cuarta dimensión. En
estos planos no existen el antes o después o el concepto de comienzo
y final. Has llegado al vientre de la creación eterna. Estás en todas partes
y en ningún lugar. Cada unidad que atravesaste, físico, celular, molecular,
atómico, cuántico, están conectados por una inteligencia cósmica. Aquí
tu cuerpo existe como potencialidad creativa pura. Un proceso multinivel
regido por la inteligencia cósmica. Este es el plano de la totalidad.
Saborea este estado de conciencia expandido y cómodo.
Cuando te sientas listo, regresa a este tiempo y
espacio y abre tus ojos lentamente.

9

Belleza

voz y textos

meditación 9
Belleza natural

natural

Deepak Chopra

Belleza natural

Una meditación
a ritmo de bossa nova

A finales de la década de los cincuenta un aire fresco empezó a soplar con fuerza en la música brasileña, a ese nuevo movimiento lo llamaron bossa nova. Este elaborado género, con raíces en la samba tradicional y una fuerte inclinación hacia el *jazz* y la música clásica, te transportará hacia el Brasil más sensual; tú déjate llevar...

Cierra tus ojos. Toma algunas respiraciones lentas y profundas. Con cada entrada y salida de tu aliento, permítete estar más en paz. Imagina que eres llevado a un hermoso y sereno ambiente en la naturaleza. El aire es tibio y flotante, con el aroma de dulces flores tropicales. El cielo azul, con una sola nube muy ligera y ondulada que flota perezosamente. El sol te baña con su luz tibia y reconfortante.

Los sonidos de aves exóticas dan un fondo sedante. Imagínate acostado sobre una manta en un terreno de pasto suave. Percibe la sensación de bienestar al permitir que estos nutritivos sonidos, sensaciones, paisajes y aromas te reconforten. Disfruta la experiencia de ser abrazado por la Madre Naturaleza. Cuando estés listo, tráete lentamente de vuelta a este tiempo y espacio. Trae contigo tus sentimientos de bienestar y relajación.

10

Luz vi

voz y textos:

meditación 10
Luz vibrante

Deepak Chopra

meditación 10
Luz vibrante

*Una meditación
a ritmo de rin*

E rin es uno de los estilos musicales que forman parte del folclore chileno. Nacido allá por los años cincuenta, este estilo encontró su máximo exponente en la voz de la artista Violeta Parra. La música que acompaña esta meditación es justamente una de sus más bellas composiciones:

Run run se fue pa´l norte.

Déjate llevar y disfrútala en armonía.

*C*ierra tus ojos y toma una inspiración profunda. Al exhalar, haz un ligero zumbido que solo tú puedas oír. Siente una vibración suave y sedante y deja que te centre. Ahora, cuando exhales, imagina que estás generando una cálida luz dorada. Con cada exhalación, esta luz se vuelve más brillante. Se expande hacia tu pecho y cuello, llevando su suavidad a tu cuerpo y mente. Esta luz se extiende a tu espalda, tus brazos, tus piernas.

Llena cada célula,

cada tejido de tu cuerpo,

con una energía de paz,

calidez y bienestar.

Te hace sentir completamente a

salvo y seguro. Disfruta de esta

sensación de bienestar total.

Ahora trae esta luz a tu pecho,

al enfocar tu atención en esa habitación

que generas con cada espiración.

Continúa así por varias respiraciones

más. Cuando estés listo, abre

lentamente tus ojos.

Por encima

voz y textos:

meditación 11

Por encima de las nubes

de las nubes

D e e p a k   C h o p r a

Una meditación a ritmo de son

*E*ste ritmo viajó en barco con los esclavos que llegaban al Caribe desde África. Así es como presenta en su estructura elementos procedentes de las músicas africanas y españolas fundidos en lo cubano. En él confluyen giros rítmicos, estribillos, modos percutidos, entonaciones y sonoridades de las cuerdas pulsadas que gritan a los cuatro vientos su origen.

Cierra tus ojos y toma una inspiración profunda. Libérate, permitiendo que toda tensión en tu cuerpo salga con tu exhalación. Repite este proceso algunas veces más, permitiendo a tu cuerpo relajarse profundamente. Ahora imagina que te estás embarcando en un paseo en globo.

La nave es segura y el tiempo es perfecto para un viaje muy suave. Tu única función es relajarte y disfrutar del paseo. Aprecias el hermoso paisaje debajo de ti. Colinas de un verde exuberante se despliegan por debajo.

Copas de árboles se encuentran solo un poco más allá, mientras flotas tranquilamente por encima de ellas. Las ovejas pastan en las ricas praderas. Un suave arroyuelo serpentea entre los exuberantes valles.

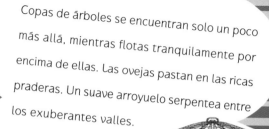

Solo basta con tu intención para dirigir el globo hacia cualquier lugar que elijas. Continúa observando lo encantador que se ve el mundo desde esta perspectiva. Explora este lugar por unos momentos. Cuando estés listo, tráete de regreso en un suave aterrizaje a este tiempo y lugar.

12

Metamorfosis

voz y textos:

meditación 12
Metamorfosis

Deepak Chopra

meditación 12
Metamorfosis

Una meditación a ritmo de son

*E*ste ritmo viajó en barco con los esclavos que llegaban al Caribe desde África. Así es como presenta en su estructura elementos procedentes de las músicas africanas y españolas fundidos en lo cubano. En él confluyen giros rítmicos, estribillos, modos percutidos, entonaciones y sonoridades de las cuerdas pulsadas que gritan a los cuatro vientos su origen.

Cierra tus ojos. Relájate e imagina que estás caminando por un hermoso bosque y descubres una pequeña caverna. Te asomas y notas una luz que te atrae hacia el interior. Al entrar te sientes seguro y despreocupado, como si la caverna despertara la naturaleza infantil en tu alma.

Te sientes cada vez más liviano. Al aproximarte a la luz, eres llevado a un plano mágico en el cual puedes tomar la forma que elijas. Decides explorar el mundo como un águila. Tienes la experiencia de elevarte y volar alto sobre la tierra. Contempla el mundo a través de los ojos de un águila, remontando las corrientes mientras saboreas tu libertad.

Al llegar al suelo, te transformas en un estilizado cheeta. Siente cómo el viento se precipita mientras te unes a la tierra a una velocidad increíble en el cuerpo de un guepardo. Ahora te transformas en el ser que tú elijas. Usa tu imaginación para crearte el cuerpo y la conciencia de aquella forma de vida que te gustaría experimentar. Disfruta de los poderes mágicos que has elegido. Cuando estés listo, vuelve a transformarte en tu forma humana, regresando a este tiempo y espacio. Cuando estés cómodo, lentamente, abre tus ojos.

Cuerpo eterno.
Mente infinita.

No preguntes por qué, olas de energía nos unen, a ti y a mí, a las flores primaverales y a las aves que remontan vuelo. Al arroyo tormentoso y al ncho mar, a los seres divinos y a los ángeles cercanos. A las regiones recuánticas, inconmensurables, antes de la Caída y después de la Ascensión. Antes del Big Bang y después del fin del universo, en la muerte ardiente del cero absoluto.

Criatura privilegiada del cosmos, nada se aparta de ti. En lo más profundo de la materia y energía hay dioses y diosas en embrión a la espera de su nacimiento. Fluido, flexible, dinámico, fresco, sempiterno, atemporal, inocente, lleno de asombro, sin malicia, tu cuerpo es el cuerpo del universo, una canción.

Vertiginosa entrada en la danza de la vida sin esfuerzo, espontánea, sin lucha ni contienda, por donde desaparecen los danzantes, si te acercas demasiado. Y la música se extingue en el silencio de la eternidad. Nos unimos a la fraternidad donde nada se aparta de ti. Y en lo más profundo de la textura de la materia y energía hay dioses y diosas en embrión a la espera de su nacimiento.

No eres tus átomos, ellos van, ellos vienen.
No eres tus pensamientos, ellos van y vienen.
No eres tus imágenes, tu fiero, temeroso ego.

Estás por encima y fuera de ellos, tú eres el testigo, el intérprete, el yo más allá de las imágenes. Eres lo eternamente joven, lo atemporal

DEEPAK CHOPRA

La paz...

La paz no es colectiva; nace en el individuo y desde allí, como un sol que se expande, llega a la colectividad.

La paz es hija directa de tu realización espiritual.

La paz es amor, y solo el amor la conquista.

Tu advenimiento me llena de alegría, niño mío.

Los elementos te han moldeado a través de eones de tiempo.

Hijo del universo, eres más de lo que aparentas, un recuerdo nostálgico, ilusión de Dios.

Siglos de experiencia y deseos y anhelos te han creado. Antiguas canciones de vida han estallado en melodías eternamente nuevas.

He visto en tus movimientos y en el latir de tu corazón la danza del cosmos de fin a principio.

La palpitación de tu vida que hierve en mi sangre es el flujo y reflujo de la marea y la pleamar.

Hijo del universo, niño mío, tu advenimiento me llena de alegría.

En las orillas del tiempo por una noche y un día pronto nos encontraremos y habremos de jugar. Hijo del universo, reiremos y lloraremos, pero te prometo, niño amado, que nunca habremos de suspirar. Tienes un propósito, un sueño en tu alma. Cuando cumplas tu drama, llevarás la vida a la totalidad.

Tu advenimiento me llena de alegría, niño mío.

Los elementos te han moldeado a través de eones de tiempo.

DEEPAK CHOPRA

No seas
la reacción,
sino el observador
de la reacción.

No seas la reacción, sino el observador de la reacción.

Dios no es difícil de encontrar.

Dios es imposible de evitar.

Meditamos en lo atemporal.

El tiempo es nuestra sombra.

¿Qué está mal en este momento?

Nunca habrá un tiempo donde tu vida no es este momento.

Vivir en el momento es vivir desde el alma.

No hay otra experiencia que la experiencia presente.

Observa tus pensamiento, sentimientos, emociones y reacciones.

Luego observa al observador.

Si estás aquí ahora, estás vivo.

Solo puedes estar donde estás.

La satisfacción es ahora... nunca en el futuro

DEEPAK CHOPRA

meditar con
los ojos **cerrados**

Esta obra que tiene en sus manos es una invitación al bienestar, a la meditación, a la paz y a la serenidad. El trabajo es fruto de la colaboración de Deepak Chopra con un grupo de grandes músicos capitaneado por Javier Calamaro, autor y arreglista de todas las melodías, salvo el tema diez que compuso Violeta Parra y que él versiona. Para ello se ha inspirado en aires musicales clásicos de España e Hispanoamérica como la milonga, el tango, el flamenco, el son, la bossa nova o el yaraví. El resultado lo conforman más de dos horas de música de alta calidad compuesta con el objetivo de inducir a la calma a través de la armonía y la belleza de un sonido lleno de matices.

«Tomando como base raíces y estilos propios de la cultura musical iberoamericana, en varios casos con orígenes ancestrales, propongo este abanico de géneros con mi toque personal y aggiornado, que considero representativo de la vasta riqueza de nuestras músicas del pasado y el presente... para el mundo.»

Javier Calamaro
Productor artístico

Producción ejecutiva: Pity y Matías Yñurrigarro.
Producción artística: Javier Calamaro.

Productor asociado: Leandro Chiappe, excepto «Juegos en el Rancho», por Juan Pablo Absatz.
Grabado por Javier Calamaro en los Estudios Ayahuasca, Gaucho y en una estancia en la provincia de Buenos Aires, Argentina.
Grabaciones adicionales por Claudio Berberón.
Mezclado por Mario Breuer y Javier Calamaro en Soundesigner.
Pasterizado por Mario Breuer en Soundesigner.

Para mayor información acerca de The Chopra Center for Well Being, escribir o llamar a The Chopra Center at Costa Resort and Spa 2013 Costa del Mar Carlsbad, CA 92009, Telf.: 760-494-1600. Gratuito desde EE.UU. y Canadá: 1-888-424-6772, Fax: 760-494-1608
www.chopra.com

MEDITACIÓN 1
Abarcando el universo
Milonga sureña 11´44"

Javier Calamaro/Leandro Chiappe
Indio Márquez guitarra criolla, acústica
de 12 cuerdas, eléctrica, slide.
Javier Estrín guitarra criolla.
Leandro Chiappe sintetizador.
Javier Calamaro sintetizador.
Vos y texto: Deepak Chopra.

http://www.edaf.net/libros/meditaciones-para-el-alma/cd1/1-Abarcando-El-Universo.mp3

MEDITACIÓN 2
Tango del corazón
Tango 11´19"

Javier Calamaro/Leandro Chiappe
Agustín Echavarría bandoneón.
Gabriel Rivas violín.
Leandro Chiappe piano, sintetizador.
Javier Calamaro loops, sintetizador.
Vos y texto: Deepak Chopra.

http://www.edaf.net/libros/meditaciones-para-el-alma/cd1/2-Tango-Del-Corazon.mp3

MEDITACIÓN 3
Conectarse con el universo
Yaravĩ 13´28"

Javier Calamaro/Agustín Echavarría
Agustín Echavarría piano.
Fernando Barragán mosenio, sicus.
Javier Calamaro sintetizadores
Vos y texto: Deepak Chopra.

http://www.edaf.net/libros/meditaciones-para-el-alma/cd1/3-Conectarse-Con-El-Universo.mp3

MEDITACIÓN 4
Juegos en el parque
Ranchera 11˜32"

Javier Calamaro/Juan Pablo Absatz
Juan pablo Absatz acordeón, sintetizador, vi-
bráfono, bajo.
Indio Márquez guitarras criollas, acústica de
12 cuerdas, eléctrica, slide.
Vos y texto: Deepak Chopra.

http://www.edaf.net/libros/meditaciones-para-el-alma/cd1/4-Juegos-En-El-Parque.mp3

MEDITACIÓN 5
Brotar
Vidala 12˜07"

Javier Calamaro/Leandro Chiappe
Fernando Barragán quenas, ocarinas, pin-
cuyo, percusión.
Leandro Chiappe sintetizador, vibráfono
Javier Calamaro loop, Sintetizador.
Vos y texto: Deepak Chopra.

http://www.edaf.net/libros/meditaciones-para-el-alma/cd1/5-Brotar.mp3

MEDITACIÓN 6
Conciencia gitana
Flamenco 11˜40"

Javier Calamaro/Leandro Chiappe
David Amaya guitarras españolas y palmas,
cante, percusión.
Leandro Chiappe sintetizador
Javier Calamaro loop
Vos y texto: Deepak Chopra

http://www.edaf.net/libros/meditaciones-para-el-alma/cd1/6-Conciencia-Gitana.mp3

MEDITACIÓN 7
Conciencia de la respiración
Aire de Carnaval 12´03"

Javier Calamaro/ Leandro Chiappe
Fernando Barragán quenas, quenacho, sicus,
zanca, percusión.
Leandro Chiappe piano eléctrico,
sintetizador.
Javier Calamaro loop, sintetizador
Vos y texto: Deepak Chopra

http://www.edaf.net/libros/meditaciones-para-el-alma/cd2/1-Aires-De-Carnaval.mp3

MEDITACIÓN 8
Más allá
Tango 11´ 53"

Javier Calamaro/ Leandro Chiappe
Agustín Echavarría bandoneón.
Leandro Chiappe piano eléctrico,
sintetizador, acordeón.
Javier Calamaro loop, sintetizador.
Vos y texto: Deepak Chopra.

http://www.edaf.net/libros/meditaciones-para-el-alma/cd2/2-Mas-Alla.mp3

MEDITACIÓN 9
Belleza tropical
Bossa nova 11´ 40"

Javier Calamaro
Fabián Silverman flauta travesera, flauta en sol,
clarinete, clarón.
Indio Márquez guitarra criolla.
Fernando Barragán quena.
Leandro Chiappe sintetizador.
Javier Calamaro loop, sintetizador, percusión.
Vos y texto: Deepak Chopra.

http://www.edaf.net/libros/meditaciones-para-el-alma/cd2/3-Belleza-Tropical.mp3

MEDITACIÓN 10
Luz vibrante
Rin 11´01"

Violeta Parra
Fernando Barragán quenacho, antara, quena, mosenio.
Leandro Chiappe sintetizador.
Javier Calamaro loop sintetizador, guitarra criolla, voces.
Vos y texto: Deepak Chopra.

http://www.edaf.net/libros/meditaciones-para-el-alma/cd2/4-Luz-Vibrante.mp3

MEDITACIÓN 11
Metamorfosis
Son 10´27"

Javier Calamaro/ Leandro Chiappe
Indio Márquez guitarras criollas, acústicas de 12 cuerdas, eléctricas, slide.
Javier Estrín guitarra criolla, cuatro.
Leandro Chiappe sintetizadores, vibráfono, bajo
Javier Calamaro loop sintetizador, percusión.
Vos y texto: Deepak Chopra.

http://www.edaf.net/libros/meditaciones-para-el-alma/cd2/6-Metamorfosis.mp3

MEDITACIÓN 12
Por encima de las nubes
Son 11´09""

Javier Calamaro/Leadro Chiappe
Indio Márquez guitarras criollas, acústicas de 12 cuerdas, eléctricas, slide.
Javier Estrín guitarra criolla, cuatro.
Leandro Chiappe bajo.
Javier Calamaro percusión
Vos y texto: Deepak Chopra.

http://www.edaf.net/libros/meditaciones-para-el-alma/cd2/5-Por-Encima-De-Las-Nubes.mp3